liberdade dos meus versos

liberdade dos meus versos

Versus livres criados por prisioneiros.

Marcelo Biorki

Votuporanga - SP
1ª Edição
2015

LiteraRUA

liberdade dos meus versos

Autor: Marcelo Biorki
Editor: Toni C.
Fotografia: Marcelo Guerche
Design e diagramação: Elber Cardoso *(www.elel.ws)*
Revisor: Vitor Mello

Informações, palestras, aquisição de livros, contato com o autor:

E-mail: marcelo.biorki@gmail.com
twitter: @MARCELOBIORKI
Facebook: Marcelo Biorki do Espirito Santo
Site: www.literaRUA.com.br
Blog: www.liberdadedosmeusversos.com.br

Ficha Catalográfica elaborada com auxílio da equipe da Biblioteca da Escola de Comunicações e Artes da Universidade de São Paulo

B616l

Biorki, Marcelo, 1980-
Liberdade dos meus versos / autor: Marcelo Biorki; editor: Toni C.; fotografia: Marcelo Guerche; design e diagramação: Elber Cardoso; revisor: Vitor Mello. - São Paulo: LiteraRua, 2015.
129p. - 14X21 cm.

ISBN 978-85-66892-08-6

1. RAP (Cultura Popular Jovem) - Brasil. 2. Literatura Marginal (Poesia). 3. Educação Inclusiva (Letramento). 4. Jovens em Liberdade Assistida (Fundação CASA) 5. Violência Social. I. Título. II. Autor. III. Fundação CASA.

CDD. 305.23050981
CDU. 316.346.32-053.6(81)

“A RECONSTITUIÇÃO **DO CRIME** TEM QUE SER FEITA **ANOS ANTES**”

GOG

Sumário

Prefácio

Nesses versos ora presos, ora livres, Marcelo Biorki nos mostra o poder de fogo das palavras, ou PalavrArmas como diria Ferréz. Aqui vemos esta arma usada em legítima defesa, sem disparar um tiro sequer, fugindo á regra, apenas rendendo e desarmando o outro lado. Mas a missão desse autor é árdua e exige muitos riscos, de vida ou de lápis. As histórias relatadas neste livro mostram o peso da palavra, sua força de martelo, de sentença.

É a palavra de um código penal que nos condena, que nos apequena diante de um juiz ou um advogado que as domina e as detém. Você pode ser o criminoso que for, mas na hora do julgamento quem te assalta são eles, te roubam os argumentos, te fazem refém. E sem muita intimidade com o que é dito, aceita-se calado o veredito, culpado! CUL-PA-DO! Resta um réu desarmado, mudo, sem palavras... Esta obra nos mostra que as palavras não fugiram, elas na verdade nunca estiveram conosco, foram roubadas, negadas.

Mais a fuga não se deu ali, no julgamento, é histórica e se deu a muito tempo, quando fomos separados de Deus pelas palavras de um padre rezadas em latim, quando fomos roubados das palavras de uma Constituição escrita pra garantir direitos, quando fomos distanciados da educação por uma cartilha feita pra nos adestrar.

Nos condenaram com a palavra POBREZA, nos separaram com a palavra CLAS-SES, nos enfraqueceram com a palavra

INDIVIDUALISMO, nos torturam com a palavra POLÍCIA, nos conformaram com a palavra SALÁRIO, nos iludiram com a palavra CONSUMO, e nos chantageiam a todo momento com a palavra DESEMPREGO, com os meninos relatados neste livro não foi diferente.

Sendo assim, baseado nas páginas que lerão a seguir eu proponho a Operação Dicionário, afim de resgatar as palavras que historicamente nos foram sequestradas, vamos reaver o que é nosso, retomar a palavra LIBERDADE, nos aproximar da palavra DIREITO, usar como arma a palavra CONHECIMENTO, e ir em busca das palavras desaparecidas, inclusive aquelas já dadas como mortas, tais como, COMPAIXÃO, CIDADANIA, SOLIDARIEDADE, AMOR, e SER-HUMANO. Em Liberdade dos meus Versos o RAP é a poesia acessível, é a literatura para quem não aprendeu a ler, mas ouve, se identifica, entende.

RENAN_INQUERITO.

a casa

liberdade e grade
rima só que não combina
não casa!
mó mamão! fita dada, tá em casa!
de repente uma "casinha" uma cilada... caiu a casa!
disciplina e humildade: são normas da casa
muita calma, sem estresse: a casa agradece
casa de detenção, casa grande senzala, casas bahia
casa branca, casa de caboclo, casa própria
minha casa minha vida
minha família, minha base, meu alicerce
minha fundação!
casa, casa, casa, casa...
tirando o "c", fica "asa"
com uma asa quem sabe eu até voava, voltava
casa, comida e roupa lavada, amor
casa comigo vai, por favor?
a casa caiu!

RENAN_INQUERITO.

este livro

é dedicado a todos adolescentes pobres do Brasil. Que já sabem o que é serem presos, antes mesmo de as algemas tocarem os pulsos.

VOCÊS PODEM QUEBRAR AS CORRENTES, EU ACREDITO EM VOCÊS!

visita rotineira

São 7hs da manhã e o despertador grita para me lembrar da missão. Me levanto e me arrumo, visto minha roupa, mas diferente do normal, sem boné, sem celular, sem óculos, todos esses acessórios só complicam minha entrada aonde estou indo agora. Calça jeans e camiseta de manga é o padrão. O tempo está quente, como é de costume aqui no interior de São Paulo, como também é de costume, o trânsito está calmo. Sigo meu caminho e vou me afastando cada vez mais do movimento da cidade, em pouco tempo estou em uma área afastada, quase no meio do nada, canaviais e pastos é o que se vê até que um enorme aglomerado de cimento salta aos olhos... Pronto, cheguei.

Muros enormes, portões de tom azul escuro tão altos que o pescoço se inclina pra ver o fim. Do lado de fora não se vê exatamente nada do que está lá dentro. Me identifico na portaria colocando meu RG em um espaço que mal cabe minha mão, identificado e autorizado, ouço o ranger do primeiro portão, quando passo por ele, imediatamente já volta a ser trancado.
Procedimento padrão, entrego as chaves, abro a mochila, todo material que irei usar é conferido, anotado. Ergo os braços enquanto o segurança do local me revista passando as mãos ao redor da minha cintura, pernas, mexe nos bolsos e me faz algumas perguntas de praxe. Mais um portão é aberto, passo por ele e paro, o portão é fechado, fico por alguns segundos dentro de uma pequena gaiola de grades, quando o portão é fechado, só aí o outro é aberto, não se abre os dois ao mesmo tempo, jamais.

Já estou no pátio esperando, enquanto aproximadamente 150 adolescentes tomam café da manhã. Logo após, em formação todos são encaminhados para suas atividades em grupos. O pátio é enorme, cercado pelo cinza dos muros altos, as paredes das instalações são brancas, com um encardido natural, aquele encardido igual de escola pública, sabe? Paredes sem vida, sem alegria, ambiente pesado e aquela sensação estranha que o cérebro cria quando está alerta... Nas próximas duas horas, pode não acontecer nada, mas pode também acontecer de tudo. Bem vindo, você veio comigo, você está na Fundação CASA.

o livro
livra.

Meu nome é **Marcelo Biorki do Espirito Santo,** não sou formado em nada, não tenho um diploma pendurado na parede. Não ainda! Também não me especializei para ser um escritor, nunca nem tive tal pretensão. Mas vivi bastante coisa e aprendi com a vida, que nunca me poupou ensinamento nenhum. Sou cristão e sou vocalista de uma banda de rap. Com certeza, por esses dois motivos, eu tive o privilégio de viver as experiências que serão contadas aqui. Sem dúvidas, foi movido pelo amor de Deus e pela militância do rap que eu me dediquei a estar em lugares que naturalmente não estaria. Me senti na obrigação de fazer algo mais, usando o que eu havia aprendido, em prol de outros.

Enxergando tal realidade, nasceu a ideia de criar um projeto que visava atender jovens em situação de necessidade, ensinando um pouco da arte que eu aprendi.

Os adolescentes da Fundação CASA foram os escolhidos para serem atendidos pelo projeto, que ganhou o nome de "liberdade dos meus versos". A ideia era levar até eles algo que eles já gostavam, mas que conheciam apenas superficialmente. A intenção era mostrar um universo novo dentro de algo que era, de certa forma, familiar pra eles: o rap. Sim, o rap era a ferramenta principal do projeto, mas abordado de uma forma diferente, talvez ainda não vista por eles.

O foco principal era tratar o lado poético do rap, a poesia que existe na música da periferia. Sei que um projeto como este sempre vai além do que imaginamos e sempre gera bem mais frutos do que esperamos. Até por isso, resolvi que após o encerramento de cada aula, sempre que chegasse em casa, eu iria relatar em um bloco de notas tudo o que houve, redigindo uma espécie de diário. Com a principal meta de avaliar o projeto no decorrer do tempo, sem saber eu ia escrevendo página a página o esboço desse livro. Anotando tudo eu estaria avaliando o projeto em si, cada adolescente atendido e também me autoavaliando como ser humano. Ali eu estaria lidando com seres humanos muitas vezes destituídos dessa condição. O tempo passou, o projeto cresceu e o que era apenas um diário, se tornou esses escritos que você lê agora.

Este livro fala de coisas que vivi lá dentro, atrás dos muros das unidades da Fundação CASA que visitei, mas você vai perceber que a narrativa é feita do lado de fora dos muros, nos momentos tensos em que eu entrava no carro refletindo sobre tudo o que havia acabado de ver, ouvir e sentir. Às vezes, trechos deste livro foram escritos em meio às lágrimas, o confronto entre a força de vontade, o desejo de mudança e o sentimento de impotência diante da problemática vivenciada naquele exato momento.

Espero que ele te faça pensar, refletir, ir além da redoma que muitas vezes nos cerca. Espero também que este livro te incomode um pouco, que em determinados momentos venha a gerar desconforto, porque é do desconforto que nasce a mudança. Apesar de eu ser um cristão, este não é um livro "gospel" (mas também não é um livro profano). Não utilizo frases ou jargões do meio cristão, não... Mas em cada página, a cada história, se você se manter sensível, você vai encontrar a essência de Deus, que é o amor. Apesar do título, também não é um livro de poesias. Talvez, se fosse preciso classificar, eu diria que este é um livro de "literatura marginal"; não por se tratar de jovens considerados marginais, mas porque descreve o processo injusto de marginalização que estes jovens passam. É um livro de contos. Não contos criados pela mente brilhante de um talentoso escritor, mesmo porque eu ainda nem sei se sou.

São contos criados pela vida, por esse mundo injusto, desigual. Na maioria das vezes, contos tristes, narrados e embalados por uma vontade enorme do autor de que as coisas mudem.

Ao ler esses relatos você estará entrando junto comigo em cada unidade que visitei nesses três anos de projeto, conhecendo cada adolescente e cada pessoa que existe por trás de toda frieza e tristeza registrada nessas páginas. Duvido você não se identificar com meninos aos quais você jamais se compararia e vai ver que, independente de acertos ou de erros, o que existe na verdade são simplesmente pessoas iguais em quase tudo!

Não pretendo apresentar uma crítica ao sistema da Fundação CASA e nem à forma com que tudo é feito lá dentro, não. O tema principal aqui são eles, os adolescentes, os jovens protagonistas das histórias que se assemelham pelo descaso e esquecimento; uma corrente de falhas que trilha o mesmo caminho para quase todos, afetando suas famílias e tudo ao seu redor. Os finais quase sempre são infelizes.

Adolescentes que foram roubados, privados de seus direitos, violados moralmente e culturalmente desde o berço, separados de tudo o que era seu, que aprenderam a lição e fizeram o mesmo com outros. Você vai entender que sempre existe uma história antes de cada crime, e espero que, ao conhecer estas historias, aconteça com você o mesmo que aconteceu comigo visitando as unidades... Eu enxerguei minha cota de culpa. Mesmo sem apertar o gatilho, ou anunciar o assalto, eu, como sociedade, hipócrita e negligente, colaborei para que outras pessoas cometessem esses atos. Me enxerguei como o pior dos criminosos sempre que me via não fazendo mais por tantos que estão a minha volta.

o início da missão

CAP. 1

Eu já tinha ido umas três vezes na unidade de Semi-Liberdade da cidade de Fernandópolis - interior de São Paulo.
Fazíamos shows para os adolescentes, eles curtiam muito o rap e o fato de sermos um grupo de rap cristão abria as portas e gerava maior confiança da direção da CASA. Após uma dessas visitas, a pedagoga da unidade me fez uma proposta um tanto quanto tentadora. Me desafiou a escrever um projeto e apresentar para eles com o objetivo de que eu pudesse ensinar rap lá dentro para os adolescentes que estavam cumprindo medida de semi-liberdade. Concordei e disse que faria isso naquela semana.

Eu não tinha ideia de como escrever um projeto. Apesar de gostar muito de criar e escrever, eu sabia que existia um molde a seguir neste caso, molde este que eu desconhecia totalmente. Me lembrei então de um projeto que uma amiga havia me enviado certa vez. Eu havia pedido a ela para elaborar um projeto cultural visando trabalhar com adolescentes em um bairro carente em que eu e alguns irmãos da igreja realizávamos atendimento às famílias. Procurei feito louco aquele projeto, pois eu sabia que ele havia sido feito dentro dos padrões necessários.

Quando o encontrei eu li várias vezes seguidas, peguei cada detalhe, o formato, a linguagem, e comecei a elaborar o meu próprio projeto. Em alguns dias estava pronto e enviado à direção da Unidade de Semi Liberdade de Fernandópolis. Recebi a resposta logo em seguida: fui convidado para iniciar o projeto naquela unidade, e foi aí que tudo começou...

deus é o juiz

Ribeirão Preto – Modulo Z

mais que tranquilidade, eu quero de verdade
caminhar livremente pelas ruas da cidade
vivendo em paz e prosperidade
sempre atrás da minha liberdade

sem opressão, agressão e violência
jogar a visão lá na frente, usar a inteligência
aqui está tenso, preciso de um remédio
sair daqui, pra mim vai ser o maior privilégio

de cabeça erguida, sempre seguindo em frente
a mente é quem te guia, mas você guia sua mente
vamos em frente, vamos correr atrás
se o nosso objetivo é encontrar a paz

erga as mãos para o céu e faça uma oração
deus é o juiz, nele está a solução

rap é poesia

CAP. 2

Me lembro como se fosse hoje o primeiro dia. A CASA era pequena e atendia uma média de quinze a vinte adolescentes no máximo. Eu cheguei sem nem ter ideia de como seria, como aquilo tudo iria acontecer, como eles receberiam a ideia, e o pior: será que eles vão gostar!? Me deparei com um número pequeno de adolescentes (eram apenas dois, na verdade), o restante estava na escola em horário de aula.

Um dos meninos era branquinho, gordinho e tímido ao extremo. O outro, magrinho, peralta, com fortes traços indígenas, fã do grupo Racionais MC's, ele também era fã do crime. Comecei explicando o lado poético do rap. Com certeza eles não esperavam ouvir letras do GOG sendo recitadas, mas era o início, e eu não ensinaria ninguém a fazer rap sem partir do principio de que o rap é ritmo e poesia.

O menino tímido aqui ganha o nome de Siri e o peralta vai se chamar Cipó (nomes fictícios para preservar suas identidades). O Siri era um pensador, menino quieto que analisava tudo e mais ouvia do que falava. Isso rendia uma boa escrita, mas a timidez era tanta que não tinha coragem nem de ler pra mim os poemas que produzia.

Já o Cipó era o inverso, falava a aula toda, mais falava do que agia, inclusive no crime. Se mostrava um crimonoso de verdade na CASA, toda hora contando historias, muito bláblábla, mas eu sabia o porquê de ele estar ali, tirando medida (tirar medida é como eles chamam o tempo que estão ali privados da liberdade).

Ele estava jogando "bets" (uma brincadeira com dois tacos e uma bola, comum no interior de São Paulo) e a bolinha caiu dentro de uma oficina mecânica, ele pulou lá dentro pra pegar e a polícia deu o maior flagrante...

Aí, pra provar que não estava roubando, já viu né? Preto diante da polícia se gaguejar é culpado. Cipó tinha hiperatividade e muita dificuldade de manter atenção; mal sabia escrever o nome, tudo que ele escrevia levava muito tempo, pois tinha que ser ditado letra por letra pra ele se ligar como era. No fim da aula, eu tinha algumas certezas: primeiro, de que isso tudo daria um trabalho danado; segundo, de que era exatamente isso que eu queria fazer ali.

No segundo dia, a quantidade de participantes era maior, mas até então nada surpreendente.

Na segunda semana esse quadro mudou, cheguei na unidade e tive uma surpresa, a CASA estava cheia! Haviam mais adolescentes presentes, alguns estavam estudando à tarde e assim podiam participar das aulas. Somando, deveria ter uns quinze adolescentes no local. Entre os novos aprendizes, dois me chamaram a atenção. Um porque era extremamente falador, e o outro porque era extremamente quieto, sério, mal expressava um sorriso ou qualquer tipo de reação, boa ou ruim.

O do barulho era ladrão, já não era a primeira medida que ele cumpria na Fundação CASA e nem seria a última, isso era claro até mesmo pra ele. Conversador e extremamente engraçado, fazia todos rirem, sempre. O outro rapaz era quieto, bastante sério, mas com um olhar calmo, sereno e, ao seu modo, simpático. Era um caso diferente; até então eu tinha lidado ali com meninos que roubavam ou que traficavam drogas para manter seus próprios vícios ou comprar aquele Nike que fica rodando na vitrine alimentando sonhos de consumo. Mas esse menino não, ele não estava ali por nenhum desses motivos e sua postura já dizia isso, mesmo que ele não dissesse nada. Ele havia vindo do regime fechado, onde ficou um ano e seis meses, agora estava ali na semi, como chamamos o regime semi-aberto, para terminar de cumprir sua medida. Ele me deixava curioso, pois não imaginava o que teria feito um rapaz tão quieto, para cumprir uma medida tão longa. O fato é que aquele menino simpático, de olhar sereno e poucas palavras, chamava minha atenção. Ele era muito inteligente e fazia durante as oficinas os melhores poemas. Durante um momento de atividade começamos a rir de um dos meninos, aquele barulhento que falava pelos cotovelos. Ele morria de medo de ir ao quintal da CASA, que dividia muro com um cemitério; isso causava um desconforto enorme nesse rapaz, dando motivo para que todos zombassem dele, afinal, bater no peito dizendo que é ladrão e ter medo de cemitério não é bom pra reputação, não é? Entre risos e gozações uma fala calou a todos, inclusive a mim. Aquele menino quieto e de olhar sereno, disse em alto e bom tom na sala as seguintes palavras:

"cêis tão rindo e teno medo do que nem sabe o que é. Cêis não sabe o que é você ver uma pessoa morrer na sua frente e depois ter essa pessoa te visitando toda noite nos seus sonhos..."

Ele sabia do que estava falando, ele tinha matado alguém e isso lhe atormentava. O silêncio era tão grande que dava pra ouvir a saliva descendo enroscada na garganta de cada um que estava ali. Parei de rir imediatamente e me coloquei de volta ao foco do trabalho, pensando em como esse jovem era atormentado pelo que havia feito.

O crime não fica menos sério, claro que não, a família da pessoa que morreu que o diga, mas não tem como não pensar no outro lado o conhecendo de perto. Depois desse jovem, eu conheci muitos outros adolescentes pelas unidades por onde passei que cometeram assassinatos, mas sempre consegui ver além do que meus olhos e minha razão me mostravam. Conheci jovens, homens que friamente mataram alguém por tão pouco, mas que olhados nos olhos eram apenas meninos, assustados e perturbados pelas lembranças dos atos cometidos, sem esperança, de certa forma também assassinados pela gravidade do que fizeram. Com certeza irão carregar, pelo resto de suas vidas, marcas desse passado, seja ele superado ou não.

Um monte de motivos pode levar um adolescente a fazer algo tão absurdo. Não dá pra duvidar de nada nesse mundo, mas o que se colhe de um ato assim é sempre o mesmo. Às vezes eu vejo na TV programas policiais, desses que passam no fim de tarde, onde o apresentador encena uma indignação com os fatos, pede pena de morte, grita, xinga, formando a opinião das pessoas, expondo apenas um lado da história, sem ao menos dar condições do outro lado se expôr também. Realmente algumas coisas são dignas de revolta e eu posso falar isso por experiência própria, sei o que é perder alguém da maneira mais fria e covarde possível, mas ainda assim eu acredito no ser humano, na recuperação, e por mais que atitudes grotescas me digam que algumas pessoas não tem jeito, eu teimo em acreditar que sim, a humanidade tem jeito!

Quando comecei este projeto, não vou negar que passaram coisas na minha cabeça, às quais se eu houvesse dado ouvidos ou adotado como postura, eu teria desistido, não teria visto tudo o que vi, ouvido tudo o que ouvi e você não estaria lendo este relato.

Quando eu era adolescente e tinha a idade desses meninos que hoje atendo, eu também tive minhas experiências ruins, traumas familiares. O pior deles foi a morte de minha irmã, assassinada a sangue frio pelo amásio com oito facadas na região do tórax. Sei o que é injustiça, sei o que é violência e covardia. Se eu acredito nesses meninos, não é porque eu vivo em um redoma de vidro onde nada me atinge, pelo contrário, é exatamente porque eu sei, porque eu senti o gosto amargo disso tudo.

É por esse motivo que eu quero mudanças nesse mundo e não espero ela acontecer por mãos de outrem; apenas faço minha pequena parte e espero que mudanças aconteçam.

mãe

Iaras - Modulo D

recordações infinitas que eu trago no meu peito
o amor que sinto pela senhora do meu jeito
hoje aqui trancado é só minha mãe do meu lado
coração apertado, pensamento angustiado

lembranças boas que nunca vou me esquecer
do tempo lá fora que eu estava com você
você nunca desistiu e acreditou nos meus sonhos
por isso meu amor nesse poema eu esponho

com carinho, amor e compaixão
saudade de estar com a senhora no mundão
agradeço por tudo que voce fez por mim
meu amor pela senhora nunca chegara ao fim

ha mãe, se eu tivesse te dado ouvidos
seu rosto não teria choro, teria um sorriso

a insegurança que a segurança traz

CAP. 3

Mais um dia comum de terça-feira, eu estava a caminho da Unidade de Fernandópolis para mais um dia de aula. Quando viro a esquina, já chegando ao local, me deparo com uma viatura preta do GOE; levei um susto!

Essas viaturas fazem tremer qualquer cidadão de bem, principalmente se o mesmo mora em periferia, se é preto, ou se tem cara de sofredor. Entrei na Unidade e lá havia alguns policiais, de farda negra, com cara de quem não gosta de preto e nem de pobre. Passei direto, dei bom dia e segui lá para o fundo onde eu iria trabalhar com os adolescentes. Lá, encontrei uma turma de nove adolescentes em histeria que pareciam estar vendo o demônio (e, de certa forma, na ótica deles, estavam). Todos com medo e cada um manifestando isso de uma forma diferente.

Esse dia foi quase impossível dar aula, os meninos não se concentravam com aqueles policiais e aquela viatura. Enquanto estivessem por ali, os adolescentes não prestariam atenção em nada; estavam notoriamente ansiosos para saber o que iria acontecer. Mesmo de fora eu era capaz de ver as perguntas dentro da mente de cada um:

Por que estes putos estão aqui?
O que eles qué di nois?
O que vieram cheirar aqui?
Vai levar quem de nóis?
Por que eles não sai fora logo?

O medo deles estava falando como se tivesse voz, era possível ouvir mesmo sem que os meninos abrissem a boca. A tensão tomava o ar quando, para alívio da maioria e desespero de um, chega um funcionário da CASA e chama o adolescente pelo nome:

*"**Adriano.***

Sim Sinhô!
Me acompanhe.
O que aconteceu sinhô?
***Vem logo muleque, não tenho o dia todo não**".*

O adolescente se retira junto ao funcionário e é levado pelos policiais, meus olhos e também os dos outros meninos acompanharam cada passo dele até sumir pela porta... Nunca mais o vi. Não sei o que aconteceu e nem pra onde ele foi. Só sei que neste dia eu percebi que a "segurança" também traz insegurança para algumas pessoas. Talvez, lendo isso, você pode pensar que polícia traz insegurança pra bandido, mas eu não estou bem certo disso.

Não foram poucas as vezes que eu, mesmo depois de me tornar um cristão e não ter o menor motivo para temer a polícia, tremi ao ver uma viatura passando na rua.

Inúmeras vezes fui parado na rua e me vi em uma situação desagradável, me explicando e dando satisfação a um homem fardado, pelo simples fato de ele ter olhado pra mim e me julgado suspeito.

Isso já aconteceu tantas vezes e isso acontece ainda nos dias de hoje. Caso você nunca tenha passado por isso, é possível que você não entenda do que eu estou falando e que a sua visão da polícia seja de segurança total. Porém, dependendo de onde você mora, você sabe que nem sempre o giroflex no fim da rua é tranquilidade para a população. Por vezes é exatamente o inverso disso.

um sonho de liberdade

Araçatuba – U.I.P

a chuva cai lá fora e eu trancado aqui dentro
cada minuto que passa aumenta o sofrimento
estou aqui, logo atrás da muralha
o tempo não passa, mas minha família me aguarda

me aguarda com fé e muita esperança
igual num casamento o dedo aguarda a aliança
deus me chama e eu sigo o meu caminho
com minha mãe do lado eu nunca estou sozinho

mesmo com tudo isso eu não vou me abalar
liberdade, liberdade. logo vai chegar!
liberdade pro corpo e pra dentro da cabeça
vou botar isso num rap pra que nunca você se esqueça

fizemos uma música com muita humildade
o tema dessa música fala de liberdade

quem
não ajuda,
quando fala
atrapalha

CAP. 4

Não é nada fácil lidar diariamente com estes adolescentes. Eles são quase sempre indisciplinados, alguns são mal educados e agressivos. Quem trabalha lá precisa aprender a lidar com tudo isso e saber dividir suas emoções e razão; entender que estando ali você pode escolher ser um educador e referencial para aqueles meninos, ou simplesmente ficar como eles, cumprindo pena enquanto espera a hora de ir embora.

Infelizmente um número grande de funcionários escolhem a segunda opção e nada fazem para melhorar o cotidiano deste lugar cinza que aglomera pessoas tristes e sem perspectiva.

Certa vez, durante uma aula, eu estava falando com os adolescentes sobre o futuro e os conduzindo a gerar sonhos, não a partir da realidade que eles tinham no momento, mas a partir da capacidade de cada um deles. "Independente do que a situação em sua volta lhe diz, você pode ser o que quiser", eu dizia entusiasmado. Depois de algum tempo, eles começaram a demonstrar os primeiros sintomas de que sonhos estavam sendo desenterrados e isso era lindo de se testemunhar.
Diziam...

Ae sinhô, quero ser médico!
Eu quero ser jogador de futebol!
Ae sinhô, quero ser ator ou cantor!
Quero ser escritor, sinhô.

Sonhar era algo muito importante ali, pois esses meninos passaram por tantas coisas ruins e vivenciaram tantas experiências frustrantes que se esqueceram dos sonhos que um dia tiveram.

Em meio a essa atmosfera linda de elevar os sonhos acima dos muros que os cercavam, algo muito triste aconteceu. Acredito que a felicidade dos meninos e a esperança brotando incomodaram muito uma pessoa de alma pobre que estava ali perto. Esta pessoa era um funcionário, ou funça, como os adolescentes "carinhosamente" os chamam. Quando os meninos já tinham dito cada um o seu sonho em voz alta, ele também disse, em voz alta, para todos os adolescentes ouvirem:

É professor, muito bonito isso aí. Pena que não serve pra nada... Semana passada veio aqui um cara que trabalha no CDP, o cadeião da cidade. Ele trouxe uma lista de dezenove pessoas que estão presas lá. Os dezenove já tinham passado por aqui, ou seja, pode até sonhar, mas no fim vai continuar tudo bandido mesmo.

Eu não tenho como explicar a indignação que eu senti naquele momento... Por mais que eu quisesse entender a motivação daquele comentário para poupar o homem da minha ira, era impossível. Eu não encontrava motivos para alguém fazer isso diante de sonhos de meninos. Apenas meninos... Eu vi no rosto de cada um os sonhos se desfazendo como fumaça diante das palavras daquele funcionário. Também me vi sem chão. Sabia que aquilo de certa forma não era mentira, era sim uma infeliz realidade, mas que podia ser mudada e que não precisava ser exposta daquela forma. Naquele momento, para não deixar tudo se perder de vez, chamei a atenção dos meninos, pedi para que todos eles olhassem pra mim, bem nos meus olhos, e disse:

Estão vendo? É exatamente isso que esperam de vocês.
Lá fora esperam isso de vocês, aqui dentro alguns esperam isso de vocês. E aí? O que vocês vão fazer diante disso?

Vocês podem seguir o fluxo e ser exatamente isso que querem que vocês sejam, ou podem surpreender as expectativas.

Cada menino respondeu afirmativamente com a cabeça, mostrando que entenderam o recado, mas era nítido o estrago que aquelas palavras fizeram na suas mentes. Nessa altura do meu trabalho na CASA, eu já estava percebendo que nem todos funcionários conseguiam enxergar a causa maior de estarem ali. Apenas estavam cumprindo horários, esperando para ir embora jantar e dormir. Eu via tudo isso e prometia pra mim mesmo que se eu chegasse a esse ponto era definitivamente a hora de parar.

Enquanto escrevo essas palavras, está acontecendo no Brasil uma discussão sobre o tratamento destinado aos adolescentes da Fundação CASA. Um vídeo vazou para a mídia, mostrando funcionários espancarem meninos sem roupa em uma das unidades da Fundação CASA em São Paulo. Na semana seguinte essa CASA passou por uma rebelião; tudo isso sendo transmitido em rede nacional. Aí o assunto é discutido, afinal passou na Globo em horário nobre, mas o triste é saber que só se discute soluções e se demonstra preocupação quando algo assim vai parar na TV. Vejo pessoas surpresas com a notícia, sem nem imaginar que isso é realidade em várias cidades do Brasil.

sacrifício

Bauru. C.I.P

sacrifício foi o que jesus passou
então pode ter certeza, minha alma é do senhor
na hora do sofrimento até jesus chorou
mas não chorou de dor, chorou foi por amor
jesus morreu na cruz pra nos ajudar
porque a missão dele era nos salvar
pra reconhecer nós temos que louvar
viver pra jesus para o agradar
não louvar por obrigação, mas de coração
correndo pelo certo demonstrando gratidão
objetividade para a meta alcançar
eu tenho fé que um dia a liberdade vai cantar!
muita gente ainda não reconhece
tudo o que ele fez e de deus se esquece

sarau da casa

CAP. 5

Passaram-se meses e os meninos haviam aprendido muito com as aulas; estavam escrevendo muito bem e expressando todas as suas dores, seus questionamentos e suas emoções nos poemas e nas letras de rap. Alguns professores das escolas em que alguns dos adolescentes estudavam notaram a significativa mudança em seus alunos, que estavam escrevendo, pensando e expressando melhor seus pensamentos, e quiseram conhecer o projeto que eu desenvolvia. Tendo isso em mente, a direção da CASA me pediu para organizar um SARAU onde os garotos pudessem expressar tudo isso que aprenderam para um público formado por familiares, professores, funcionários da CASA, membros do Rotary Clube da cidade, vereadores, um padre e alguns memoráveis membros da sociedade. Quando dei a notícia aos meninos, eles ficaram empolgados.

Começamos a organizar tudo, a data foi marcada e o tempo voou até o dia da grande apresentação, que aconteceu durante uma festa junina, com comidas típicas, música e muita alegria. Eles estavam com roupas normais neste dia, sem aquele uniforme que iguala todos eles e lhes rouba a identidade. Estavam como meninos, usando calça jeans, alguns bermudas, tênis, bonés. Não era um dia comum, era um evento! Os familiares chegaram e todos os outros convidados também. Me deram a palavra e foi assim que aconteceu:

Olá, boa noite a todos. Sejam bem-vindos ao sarau da CASA! Antes de começarmos quero pedir a todos que estejam abertos para o que irão ver aqui nesta noite. Vocês vão notar que esses meninos, muitas vezes vistos apenas como marginais ou errantes desta sociedade, são também pessoas que pensam, sentem, amam, odeiam, se indignam e refletem sobre tudo o que vivem. É preciso que vocês estejam preparados pra se despir de todo preconceito e esteja aberto a ver a beleza de cada poema recitado aqui hoje. Fiquem à vontade e apreciem cada verso...

O primeiro menino pegou o microfone, o segundo, o terceiro e assim foi. Todos estavam bem animados, alguns com vergonha, e o público estava realmente surpreso com a qualidade e conteúdo do que estava sendo escrito. O último poema foi recitado por um menino negro de 17 anos e no poema ele dizia que foi roubado de todos os seus direitos desde criança, que roubaram-lhe o direito de estudar bem, de viver bem, roubaram-lhe o direito de brincar, de ser uma criança saudável, em tudo havia sido roubado. E no fim do poema ele perguntava ao público *"quem é o ladrão aqui?"* Lembro que todos se levantaram e aplaudiram. Eu me emocionei ao ver a cena.

Quando acabou as apresentações, ali pudemos comer e nos divertir, eu e eles. Naquele momento não estávamos mais como arte educador e aprendizes da Fundação CASA, estávamos como amigos comemorando uma conquista... Foi inesquecível; eu já sentia que era hora de voar mais alto e que ali eu já tinha cumprido meu papel. Mal sabia eu que ainda iria reencontrar muitos daqueles meninos nos próximos meses e anos que se seguiriam. Infelizmente essa é uma dura realidade, vários desses vivem de medida em medida, cumprem uma aqui, outra ali, saem e voltam sem nem notar o círculo vicioso em que vivem. Eu me despedia deles sem imaginar que voltaria a vê-los e ensiná-los de novo.

paz

Unidade de Sertãozinho - SP

é isso que eu quero e vou correr atrás
plantar tranquilidade pra poder colher a paz
a paz é o destino e o mundo um labirinto
tenho que saber escolher pra não ficar perdido

com alguem fortalecendo eu sempre vou seguindo
a paz que eu preciso não está no mal caminho
com humildade e simplicidade sigo a vida
a paz não se espera, você luta e conquista

independente, minha vida segue em frente
firme com deus fortalecendo a corrente
já tive tempo de guerra, agora é tempo de paz
voltar pra rua e crime nunca mais

hoje tô aqui dentro, amanhã tô lá fora
vou correr atrás da paz e não deixar ela ir embora

o desafio de novos ares

CAP. 6

Depois de tudo o que eu tinha visto acontecer com este projeto em Fernandópolis/SP, era impossível não querer mais disso tudo. Eu estava com muita vontade de dar um passo maior, de alcançar novos ares, conhecer novas Unidades da Fundação CASA no estado de São Paulo e sabia que isso era possível!

Eu estava certo de que este projeto poderia se estender por várias unidades do estado de São Paulo, mas era preciso apresentar o projeto no lugar certo. Me informei com um amigo e descobri que em São José do Rio Preto - interior de São Paulo, ficava uma ONG chamado G.A.D.A (Grupo de amparo ao doente de aids) que era responsável pela entrada de projetos de arte e educação em várias unidades da Fundação CASA, em várias cidades diferentes, em três regiões do estado.

Decididamente era pra lá que eu deveria ir. Me mudei para São José do Rio Preto e dei início ao plano de implantar o projeto em unidades de regime fechado. Eu não tinha nada certo ainda, não sabia sequer com quem eu deveria falar e onde ir atrás para concretizar isso. Eu só sabia que deveria estar em Rio Preto, e movido por esta certeza, essa fé, eu fui de mala e cuia para lá!

Chegando em Rio Preto, já instalado e pronto para começar, visitei a ONG, apresentei o projeto e em pouco tempo eu estava com data marcada pra começar: iria dar oficinas por uma semana na unidade de São José do Rio Preto, uma casa de regime fechado. Sabia que isso seria uma grande experiência... E foi.

A principio é assustador quando se chega em uma unidade de regime fechado pela primeira vez. Eu estava acostumado a trabalhar na unidade de semi-liberdade que era uma casa bonita, bem instalada em um bairro da cidade, que atendia os meninos. Agora o que eu via eram muros enormes, todos cinzas, com gigantescos portões azuis, uma aparência triste, sem vida e tensa. Logo na entrada, mesmo me identificando como arte educador enviado pelo G.A.D.A, precisei passar pelo rigoroso processo de autorização na portaria; deixei meus pertences, chaves, celular, documentos, carteira, tudo. Entrei apenas com a roupa do corpo, alguns lápis, um dicionário, um livro do Sérgio Vaz, algumas folhas de papel, dois CDs, e claro, muita vontade de fazer algo realmente bom ali!

A realidade de lá era totalmente diferente da que eu conhecia até então, muito diferente do que era na unidade de semi-liberdade. Eu estava no pátio, esperando os funcionários organizarem os meninos com quem eu iria trabalhar naquele dia. Percebi que do pátio só é possível ver o céu, daí me ocorreu que, literalmente, esses meninos só tinham Deus a quem recorrer... Muros altos, não se vê nada, a não ser o céu azul, lindo, apresentando para eles uma liberdade aparentemente impossível.

Separados os meninos com quem eu iria trabalhar, fomos direcionados para o refeitório, pois lá havia assentos e grandes mesas de concreto; era tudo o que precisávamos, já que na minha atividade com eles, o que mais iríamos fazer era escrever. Entrei primeiro, depois entraram os meninos, em fila, com as mãos para trás e de cabeça baixa, olhando para o chão. Cada um que passava por mim dizia: *"licença, sinhô"*. Eu odiava aquele cena, mas eram regras da CASA. Eles pareciam todos iguais, mesma bermuda, mesma camiseta, cabeça raspada, olhar triste carregado de frustração e ódio, meninos praticamente idênticos. Expliquei que pretendia iniciar uma atividade de literatura, a reação foi a mesma: cara fechada e afirmações negativas como *"ai sinhô, não curto isso não"*. Isso não era surpresa pra mim, eu sabia que a primeira reação seria essa, mas eu tinha minhas técnicas, os poetas com que iriamos trabalhar eles já conheciam bem. Em dez minutos todos já estavam com lápis na mão tentando escrever alguma coisa, afinal, a nossa literatura é diferente, é atraente para eles, nossa poesia é acessível, nossa poesia é o rap. Claro que o fato de eu ser também um cara de cabeça raspada e cheio de tatuagens me ajudou muito no processo de aceitação lá dentro. Eu percebia nitidamente que ao olhar pra mim os adolescentes se sentiam, de certa forma, representados; todos sabiam que eu estava ali por eles. Já na primeira aula encontrei um menino que esteve comigo na semi-liberdade em Fernandópolis/SP. Fiquei triste em vê-lo ali, pois isso era sinal de que a vida dele continuava igual, sem nenhuma mudança significativa. Logo percebi que isso se tornaria comum, encontrar os mesmos meninos em várias unidades diferentes num curto período de tempo.

Quem trabalha com esse tipo de situação precisa aprender a lidar com essa realidade, filtrando suas emoções, razões, e ficando no que pode ser gerado a partir dali, caso contrário, a frustração é inevitável. A impressão que se tem quando você reencontra um adolescente em uma unidade, tirando uma nova medida, é que seu trabalho não teve resultados. Além disso, você só encontra os reincidentes; aqueles que não se envolveram mais com o crime, esses você acaba não encontrando mais em lugar nenhum mesmo. O fato é que as perspectivas de vida desses meninos são quase nulas, não há muitos sonhos, muitas motivações, eles não tem bons exemplos, não há o que faça o adolescente desejar essa mudança. Essa é a realidade de muitos adolescentes nas periferias das cidades: famílias sem estrutura, crianças sem acesso a uma educação transformadora, crescem assim, desnutridos na alma, sem força ou vontade de ser algo a mais do que aquilo que eles estão, de certa forma, fadados a ser.

A primeira semana na unidade de Rio Preto foi uma espécie de teste para ver como eu me sairia com este trabalho, que até então, era algo novo para as unidades aqui do interior de São Paulo. Nunca me foi escondida a preocupação que a direção das unidades tinham em relação a alguém trabalhar rap com os adolescentes da Fundação CASA. Desde o início eu sabia que minha missão era de dupla função. A primeira era alcançar os meninos, filtrar a mente deles e quebrar o conceito de que rap era som de ladrão. A segunda era convencer os diretores das unidades onde eu passava da mesma coisa, rap é musica, é poesia, e não trilha sonora do crime. Por um lado, minha luta era pelos meninos, era trazer algo novo para a vida deles, mostrar um novo ângulo para se ver a vida. Por outro, minha luta era pelo rap, em prol do verdadeiro rap, que quando assimilado, estimula o jovem a se mover, a querer ser mais do que aquilo que lhe é imposto.

Terminando a semana, fiquei feliz ao perceber que tudo foi um sucesso, apesar de ser um universo novo pra mim, estava fluindo tudo de acordo com minhas expectativas. os adolescentes não queriam mais que eu fosse embora e pediam para as pessoas responsáveis pelo setor pedagógico para que me contratassem fixo na unidade. Mas esse não era o meu alvo, eu sabia que a missão ia muito além de apenas uma unidade. A direção da CASA falou tão bem do meu trabalho para a ONG (GADA: Grupo de Amparo ao Doente de AIDS), que não demorou muito eu estava sendo enviado para outra unidade, em outra cidade diferente. Nessa época eu não tinha ideia de que rodaria por 22 unidades da Fundação CASA em aproximadamente 16 cidades diferentes do estado de São Paulo.

amizade

Araçatuba – C.I

amizade atrás das grades e em todo lugar
mas não é em qualquer que se pode confiar
jogando bola na escola a gente tá cheio de amigo
mas os de verdade são aqueles que sempre estão contigo
os dos bailes e das festas só quando você tem dinheiro
não são verdadeiros quando te chamam de parceiro
se liga, parceiro? meu amigo é jesus
é ele que me dá força, ele que me conduz
necessidade, quem nunca passou necessidade?
um dia pela rua achei um amigo de verdade
amizade é da hora, mas deixa eu te falar
faça amizade com deus pra ele te libertar
amizade verdadeira hoje ésta em extinção
um sentimento forte que nasce no coração

identidade alterada

CAP. 7

Em todas essas visitas às unidades, algumas cenas me marcaram e com certeza nunca mais vão abandonar minha memória. Me lembro de uma vez chegar na unidade de Rio Preto na hora em que uma viatura da polícia trazia mais dois meninos. Pude ver os meninos, ainda bem novos, na forma real deles, como eles eram na rua, bermuda, tênis, boné, cabelo... Eu os vi chegando, passei pela portaria e entrei, trabalhei normalmente e fui embora. No outro dia, voltei para mais um dia de atividade e tudo estava aparentemente normal, todos os meninos exatamente iguais. Havia dois novos, mas já estavam tão homogeneizados, que eu nem sequer me dei conta, a princípio, que eram os dois meninos chegados no dia anterior. Quando minha ficha caiu e percebi que eram eles, foi um choque para mim. Eu sabia que todos os adolescentes dali tinham suas vidas lá fora, suas preferências, seu jeito, mas quando você vê essa alteração e o quanto a identidade deles é afetada, isso de certa forma te afeta também. Os meninos, ontem, eram ainda meninos, com jeito de meninos, costumes de meninos, e hoje já eram parte do sistema, um número, um código apenas, um adolescente da Fundação CASA, só mais um interno.

Poucas vezes tive a oportunidade de encontrar os meninos fora das unidades, na rua. Uma dessas oportunidades foi num domingo de manhã. Estava sendo um péssimo domingo. Minha má alimentação tinha vindo trazer a conta: na madrugada anterior eu tinha passado maus bocados com uma gastrite terrível, eu sentia que ia explodir de dor, então logo pela manhã procurei um posto de atendimento médico. Quando desci do carro ainda meio curvado de dor, ouvi algo que não era comum pra mim, não naquele contexto, ao ar livre, sem muros em volta... *"E aí, sinhô, firmeza?"*. Olhei e vi um adolescente. Eu tinha trabalhado com ele em alguma unidade, na hora eu não me lembrei qual era, e a dor era tanta que nem do garoto eu me lembrei no momento. Ele estava diferente, usava um boné, uma bermuda larga, camiseta do São Paulo e uma corrente grossa que até pesava no pescoço. Veio até mim, apertou a minha mão, perguntei como ele estava, disse que estava bem, estava *"firmão e tal"*. Conversamos muito pouco, eu estava morrendo de dor, então me despedi e entrei para ser atendido. Entrei no postinho sem me lembrar quem ele era, mas apesar da dor estava feliz. Aquele encontro me levou a imaginar como cada um daqueles adolescentes detidos devia se vestir e se comportar na vida aqui fora. Naquela hora eu queria poder gritar para o sistema: *"Aí sistema, os códigos tem nome, tem gosto, tem escolha, tem vida!"*.

Em outra ocasião pude comparar em questão de poucos dias a diferença que existe entre os meninos quando estão presos e quando estão livres. Desci na rodoviária de Rio Preto, estava vindo de Curitiba, onde tinha ido fazer um show, e um garoto me abordou. *"Aí sinhô, lembra de mim?"*. O chato é que não me lembrei a princípio, mas ele me ajudou e me lembrei. Seu nome era Marcos, eu o havia conhecido na unidade de Lins – interior de São Paulo, há uns dois meses atrás, durante os três dias que trabalhei com os adolescentes daquela CASA. Perguntei como ele estava, e a conversa se fez:

"Sai tem um mes sinhô, ja to a mil na atividade aqui na rodoviária, fazendo o meu adianto.
Marcos, vai pra casa, cara. Isso vai dar rolo, você vai acabar caindo na Fundação CASA de novo!
Que nada sinhô, eles não me pega mais não".

Eu não estava tão certo disso quanto ele, mas não imaginava que eu iria vê-lo tão rápido! Em menos de uma semana, entrando na unidade de Rio Preto ouvi de um menino lá no fundo dizer: *"Aí, sinhô, bem que o sinhô falou ein? Voltei!"*

Lá estava o mesmo menino da rodoviária, mas já dentro do padrão, a mesma roupa e o mesmo corte de cabelo. Diferente de quando estava na rodoviária, e a atividade também mudou, agora ele estava preso, de novo. Escondendo todos os medos, traumas, preocupações atrás de um riso sem paz, que finge que não se importa com o que está acontecendo com a vida, mas a noite, quando as luzes apagam, pode ser que esse sorriso se transforme em lágrimas... Seria cômico se não fosse tão trágico!

Mas nem só de histórias ruins minha memória se encheu nessas minhas andanças. Se existe uma cena bonita que eu nunca mais quero esquecer foi uma que vi também na unidade de Rio Preto. Eu chegava para mais um dia de atividade com os meninos e na portaria encontrei uma mãe, extremamente feliz, com uma sacola com roupas, bolachas e um celular com fone de ouvido. Dentro de uma sala pequena ao lado da portaria estava um adolescente se trocando, tirando seu uniforme de cores frias e desbotadas e vestindo as roupas novas que a mãe trouxe, o sorriso dele quase que emendava atrás da cabeça de tão grande, felicidade muito incomum para aquele local, mas tinha uma explicação: a liberdade dele tinha chegado! Perguntei para ele, onde ele ia tão feliz e a resposta foi, de sorriso aberto, *"A liberdade cantou, sinhô!"*. A mãe feliz, ele feliz, aquela cena tinha cheiro de recomeço! Eu não sei o que aconteceu, se esse menino endireitou seus caminhos, ou se continuou caminhando errado nesse mundo, eu não o vi mais, e foi exatamente isso que eu disse para ele, ali naquela cena de despedida: *"Vá com Deus, mano; eu não quero te ver nunca mais aqui, se ver, que seja na rua, boa sorte!".*

Existe uma linguagem própria em toda unidade prisional. Seja na cadeia ou na Fundação CASA, existem dialetos, gírias, que são próprios do local, que não se usa na rua. Uma dessas gírias é usada para descrever esse momento, foi o que o menino me disse, a liberdade cantou! A primeira vez que ouvi isso achei incrível. Realmente, para quem está preso, liberdade é musica. A voz da liberdade soa como música aos ouvidos. Na minha opinião, nunca uma gíria foi tão apropriada pra uma situação como essa. Mesmo presos, os meninos tentam ouvir essa melodia, sonham com ela, mesmo sufocados pelo silêncio da prisão, onde até o barulho dos ventos é interrompido pelos muros. Mesmo lá, eles sonham com essa música, sonham com o dia que ela irá ser oferecida para eles. E é muito legal quando a liberdade canta para algum deles. Os outros se sentem felizes também, mesmo sem ter ouvido essa canção, a canção da liberdade. Aprendi muito com isso. Aqui fora nós estamos tão presos em prisões piores do que essa que relato, e a surdez é tão grande, que não nos alegramos quando a música toca para a pessoa do nosso lado.

Impressionante como até adolescentes em recuperação podem nos ensinar coisas sobre a vida, coisas que cotidianamente não vemos. Lá, numa situação extrema, uma prisão, meninos com menos de dezoito anos de idade, descobrem o valor dessas atitudes nobres. São coisas raras lá dentro, como também aqui fora, mas ainda sim, bonito de se ver em qualquer lugar. Que a liberdade cante nos meus e nos seus ouvidos todos os dias, e que eu não me deixe prender por sentimentos frios desse mundo maluco.

lealdade

Unidade de Iaras - SP

lealdade, uma corrente difícil de quebrar
nós tamo junto com os fiel de fechar
o papo é reto sem espaço pra apologia
o rap é certo, mensagem de sabedoria

abra sua mente pra mensagem que tô passando
abra seus ouvidos pro rap que eu tô cantando
ter lealdade não adianta, tem que saber escolher
não ser leal a nada que faça minha mãe sofrer

na porta de cadeia, passar constrangimento
levar pra sua vida esse eterno sofrimento
vou mudar, progredir e dar orgulho pra coroa
seguir o caminho certo e dar adeus à vida louca

a quem vou dedicar a minha lealdade?
aqueles que me amam ou pra quem tá na maldade?

alta contenção

CAP. 8

Entre todas as unidades que o braço da ONG "GADA" alcançava, algumas eram de alta contenção, que é um tipo de unidade com segurança mais reforçada. Essas são diferentes das normais até no formato. Parecem presídios: além das muralhas enormes, tem guaritas e são dividas por pavilhões (lá chamados de módulos). A primeira unidade desse tipo que visitei foi a de Lins, esta cidade fica a aproximadamente 130 km de distância de São Jose do Rio Preto, e possui duas unidades da Fundação CASA, uma ao lado da outra. Uma normal como a maioria e outra de alta contenção. A segunda era dividida em quatro pavilhões e um deles, o pavilhão D em especial, na época era bem problemático.

Fui avisado para ter cautela, pois especificamente aquele pavilhão era composto só por meninos reisidentes que já haviam causado problemas em outras situações. Foram dois dias de trabalho. Pavilhão A de manhã e pavilhão D à tarde no primeiro dia e no outro dia B e C. Quando eu atendia o último pavilhão, o C, o diretor da unidade veio até o refeitório onde eu estava com os meninos e me entregou uma carta. Disse que os adolescentes do pavilhão D tinham escrito para mim, para manifestar gratidão pelo tempo precioso de reflexão que tivemos juntos através da poesia. Fiquei tão curioso que li ali mesmo, na frente dos meninos, não aguentei esperar chegar ao hotel. Me emocionei lendo e os meninos pediram pra eu ler para eles também. Com a voz um pouco trêmula e embargada, narrei as seguintes palavras:

Casa Rio Dourado Ala D.

Prezado Marcelo Biorki, por meio dessas singelas palavras, queremos lhe demonstrar nossa imensa gratidão pelo seu comparecimento, pois há muito tempo não recebíamos uma visita tão gratificante quanto a sua. Sua presença nos levou a refletir e enxergar o grande valor que o rap tem em meio ao nosso dia-a-dia, pois nele podemos visualizar nossos erros, porém também, a possibilidade de nos reabilitarmos. Nisso, tivemos a notabilidade em que era indispensável a especial oportunidade de nos manifestarmos e levarmos até a sua pessoa nosso simples reconhecimento ao seu magnífico trabalho, que pode transformar a vida de diversas pessoas desestruturadas e também aquelas que necessitam de um pouco mais de aprendizado.

Espero que essa exposição por escrito seja o suficiente para que você entenda o quanto ficamos gratos e contentes por um inestimável momento de sua atenção. Almejamos boa sorte para sua importante carreira, e que você alcance todos os seus objetivos, com saúde e felicidade que é o primordial.

Tenho esta carta guardada até hoje com muito carinho. Para mim é mais que uma carta, é um verdadeiro troféu.

Saí de lá extremamente feliz, não por ter sido elogiado em uma carta, mas porque algo penetrou o coração de meninos considerados problemáticos e se exteriorizou através de um sentimento lindo chamado gratidão.

A essa altura já era claro para mim que eu tinha uma fórmula especial de trabalhar com os adolescentes e que isso dava bons resultados. Descobri nesse dia que adolescente é adolescente, esteja ele solto nas ruas, ou preso em uma unidade de alta contenção; no fundo eles precisam ser ouvidos, precisam sentir que alguém se importa de verdade. Se eles verem isso, os resultados surgem naturalmente.

pela liberdade

Unidade de Sao Carlos - SP

de dentro do castelo de grades
escrevo pra princesa que espera minha liberdade
no verso eu te falo o que eu estou pensando
logo, logo pra quebrada eu estou voltando
o senhor é meu pastor, nada me faltará
tenho certeza que um dia minha liberdade vai cantar
tem que ter consciência, tem que ter o pulso firme
pra quando sair não voltar pra vida do crime
a vida não é um filme, não é um espetáculo
quando eu sair daqui, vai ser vários obstaculos
a vida é muito louca, progresso no mundão
tem que ter consciência pra não voltar pra fundação
liberdade, liberdade de ir e de vir
liberdade, liberdade de cantar e sorrir
liberdade, liberdade de parar por aqui
pra viver os seus sonhos é só não desistir

minha mente criminal

CAP. 9

Era mais uma aula, mais uma unidade. Eu estava tão empolgado que nem percebi o clima que se estabelecia, não entendi os olhares significativos trocados pelos adolescentes. Não percebi que este não era um bom dia pra mim... Em um momento de descuido, o pior aconteceu. Um lápis, já não era mais um lápis, havia sido promovido: agora era uma arma, letal, afiada e mirada no meu pescoço. Eu já havia imaginado essa situação inúmeras vezes; trabalhando em um lugar assim, impossível não esperar uma rebelião a qualquer momento. Mas foi diferente do que eu tinha pensado, não vi nada, nem percebi a movimentação, caí em mim apenas quando senti a ponta do lápis apertando minha garganta. Agora é real. Muita gritaria, os adolescentes pareciam estar pondo para fora todo ódio existente, quebravam coisas, gritavam, insultavam os funcionários presentes, que estavam do outro lado do portão, apavorados.

A polícia foi chamada, eu tentava me controlar, me manter calmo e conversar com os adolescentes, mas parecia que ninguém ali estava para conversa. Quando a polícia chegou o clima só piorou, os adolescentes estavam prontos para uma guerra, literalmente. A polícia tinha armas, eles tinham a mim e a outro funcionário como reféns. Essa situação já se estendia por mais de uma hora. O outro funcionário, meu companheiro de pesadelo, já havia sido agredido, estava com o rosto sangrando. Eu estava bem, não tinham feito nada comigo ainda, estava fisicamente bem. Eu tentava prestar atenção nas conversas, no rumo que as negociações estavam tomando, eu sabia que dependendo do que a polícia decidisse fazer eu pagaria caro. Tudo foi ficando muito tenso, o comandante da PM que estava à frente, justo naquele dia, decidiu ser durão e não ceder a nada que era proposto. O adolescente que liderava tudo começou a ficar nitidamente nervoso. Eu tentava o acalmar, afinal de contas, ele calmo significava o lápis do lado de fora do meu pescoço, onde, é claro, eu preferia que ele continuasse. Infelizmente as coisas não aconteceram como eu esperava, quando eu vi os policiais posicionados para entrar, abrindo o portão, eu confesso que perdi toda calma, me desesperei, e em meio a gritos, insultos, portões abrindo e o meu desespero, senti o lápis perfurar... Não ouvi mais nada a não ser o barulho... **TRIIIIM**.

Graças a Deus, o meu despertador tocou. Foi só um sonho ruim.

saudade

Unidade de Irapurú - CASA II

são lembranças que trago no pensamento
e a saudade aperta aqui dentro do peito
a distância permite à saudade, mas não o esquecimento
por mais longe que esteja sempre estará no pensamento
saudade invade a milhão, chega doer o coração
quando vem na minha mente as lembranças do mundão
à saudade e a tristeza caminham lado a lado
a sorte é ter os manos, que são meus aliados
trancado aqui dentro a saudade vem me machucar
lembro da família que, livre, esqueci de amar
saudade vem quando eu não estou lá fora
alegria vem quando tô perto da minha senhora
não sei o que acontece das grades pra fora
só peço a deus que cuide da minha senhora.

o risco

CAP. 10

Eu tive esse sonho por que andei pensando muito nisso, pensando no risco que corria em cada unidade que eu entrava. Era a primeira vez que eu iria para a unidade de Bauru. O pessoal da ONG me alertou sobre a unidade, disse que eles haviam passado por uma rebelião alguns meses atrás, onde a arma usada foi um lápis, um simples lápis, que rendeu o professor e deu início a tudo. Claro que essa informação me fez ter esse sonho horrível, cogitei até usar giz de cera (risos). Esse risco era necessário e eu sabia. Apesar de pensar sobre isso, eu nunca consegui acreditar que poderia acontecer comigo lá dentro. Existe um respeito da minha parte para com os adolescentes e sinto o mesmo respeito da parte dos adolescentes para comigo.

Me lembro que sempre ouvia falar na ONG sobre as unidades da cidade de Iaras, mas ainda não tinha tido a oportunidade de trabalhar lá. Quando essa oportunidade surgiu fiquei feliz, sabia que seria um desafio dos bons. Iaras é uma cidade muito pequena do interior de São Paulo, cidade de aproximadamente 6 mil habitantes apenas. Lá existem quatro unidades da Fundação Casa e um presídio.

Foi impressionante, porque para dormir eu tive que me hospedar em uma cidade ao lado, pois não havia hotel em Iaras. Era como se fosse uma cidade-presídio, onde o sistema carcerário instalado ali era o que movimentava e sustentava a cidade. O primeiro dia de trabalho foi uma segunda-feira. Fui direto trabalhar na unidade de alta contenção. Peguei um pavilhão com apenas 12 meninos, o que era estranho, pois cada pavilhão costumava ter cerca de 40 a 50 adolescentes. Eram meninos mais velhos, reincidentes, com crimes mais graves, que por algum motivo estavam isolados até mesmo dos outros adolescentes.

Fiz o que fui fazer e terminamos a reunião com todos de mãos dadas orando o Pai Nosso. Ao sair dali, fui para outro pavilhão fazer exatamente a mesma coisa. Quando cheguei ao hotel recebi uma ligação da minha supervisora da ONG, perguntando o que eu tinha feito. Na hora pensei ter feito algo que não devia, mas o quadro era outro. O diretor da casa viu a cena da oração, viu todos adolescentes orando juntos, de mãos dadas, e ligou para ela, emocionado. No outro dia fiquei sabendo, através de um funcionário, que no domingo, o dia anterior à minha chegada, havia acontecido um princípio de rebelião naquela ala e que o clima estava bastante tenso, inclusive tinham pedido ajuda para as outras unidades vizinhas. Aí eu entendi o motivo da surpresa do diretor ao ver a calmaria de uma oração naquele lugar. Fiquei feliz em conhecer o resultado de uma atitude simples e continuei meu trabalho que ainda estava longe de terminar naquela cidade.

Uma das aulas era à noite, faríamos a atividade na quadra coberta de uma das quatro unidades daquela cidade. Entrei na quadra e logo depois chegaram cerca de 60 adolescentes. Cada um recebeu um lápis, uma folha e uma borracha. Sessenta adolescentes, cada um com um lápis afiado na mão e apenas cinco funcionários além de mim na quadra fechada. Me senti um pouco tenso, confesso. A aula seguia normalmente até que, de repente, tudo escureceu. Acabou a energia. Minha mente contabilizou tudo em uma fração de segundo. Eu, cinco funcionários e sessenta adolescente de lápis na mão, em plena escuridão de uma quadra fechada.

Lembrei do sonho, vi toda cena em minha mente; os adolescentes começaram a gritar por causa da escuridão, os funcionários gritavam para ninguém se mexer e continuarem sentados; eu travei. Na minha mente já estava tudo consumado, até que as luzes se acenderam. Eu pude ver cada adolescente em seu lugar, sentado olhando para mim. Foram cerca de 30 segundos sem luz e eu consegui criar toda uma situação negativa em minha mente. Percebi neste dia que estava meio paranóico com essa questão dos riscos da missão. Decidi esquecer isso tudo e continuar meu trabalho, afinal de contas, nada tinha acontecido fora da minha mente.

família

Unidade de Lins - SP

são eles que me esperam do lado de fora
esperando minha chegada com fé e sem demora
eu sei que logo vai chegar a minha hora
vou estar feliz ao lado da minha senhora

na meta, estudar e trabalhar
pra minha mãe o orgulho que ela não cansa de esperar
cuidar da minha criança que um dia vai precisar
agora com minha família todo momento eu quero estar

longe das prisões, grades e muros
pôr na cabeça em melhorar meu futuro
família é importante, vale mais que diamantes
da vida do crime eu quero ficar distante

círculo vicioso

CAP. 11

Eu sei que cada ser humano através de suas escolhas trilha seu próprio caminho e que, mesmo por piores que sejam as condições, é possível virar o jogo e surpreender. Este discurso é verdadeiro, poético, lindo. Porém na rua a gente sabe que muitas vezes acontece diferente. Eu fico olhando para esses meninos, adolescentes pobres do Brasil, e me vejo em cada um deles. Já fui um adolescente de periferia, com os mesmos desejos, anseios e as mesmas limitações. Já roubei pra ter o que queria, e se hoje não faço isso foi simplesmente porque no meio da minha caminhada encontrei o amor de Deus e isso me levou a trilhar outros rumos. Sei como é difícil crescer sem um alvo, muitas vezes sem um exemplo a se seguir. Difícil é se tornar adulto aos treze anos, queimando várias etapas naturais da vida, porque a própria vida ficou tão embaçada que não te permitiu ver outras escolhas. Certa vez, em uma conversa com um adolescente, eu tentava estimular o menino a escrever.

O tema que estávamos abordando aquele dia era família, no sentido de alicerce, trazendo a família como "porto-seguro", o chão onde se pode pisar sem medo, e curiosamente o poema desse menino não fluía. Eu tentava ajudar de várias formas, dava exemplos, dizia para ele puxar na memória momentos bons...

E é ai que estava o problema. Ele não tinha essas memórias. O menino começou a me descrever a situação e então eu pude perceber que realmente ele não tinha o que escrever, não nesse tema, não nesse sentido. Quando ele tinha doze anos, o pai e a mãe foram presos; tiravam seu sustento do tráfico de drogas, com o qual ele convivia desde criança. Com o pai e a mãe presos, ele o irmão mais novo de oito anos foram morar com a avó, uma senhora que recebia a mísera aposentadoria de um salário mínimo. Aos doze anos ele saiu da escola, tentou trabalhar, encontrou poucas possibilidades, alguns bicos, mas nada que suprisse a necessidade de sua família.

Olhava para o irmão mais novo e o via como sua responsabilidade, agora que os pais não estavam mais presentes. Não demorou muito, ele assumiu os negócios da família, com treze anos já era traficante de drogas. Com quinze foi preso pela primeira vez e na terceira medida que cumpria, já aos dezessete, eu o conheci, e lá estávamos nós, calados diante de sua história, com a folha de papel em branco sem nem uma palavra escrita. Infelizmente a vida de muitos desses meninos não é nada poética, não inspira nenhum verso. A família desse garoto não era, nem nunca foi, um "porto-seguro", muito menos inspirava boas lembranças. Suas lembranças eram drogas, viciados em casa, invasão da policia, miséria. Abri uma exceção para ele, disse que poderia escrever sobre o que quisesse. O papel continuou em branco, ele não queria escrever nada, ele não via poesia na vida, não na sua.

Isso se repetiu várias vezes; muitas histórias assim, e até piores, eu ouvi.

Durante minha adolescência sempre tive exemplo dentro de casa, de como ser um homem correto. Graças a Deus, meu pai sempre foi um homem de caráter irrepreensível.

Uma vez o pai de um amigo meu tinha saído da prisão e fomos, eu e esse amigo, visitá-lo em sua casa. Pegamos um ônibus, ele morava em um bairro distante, chegamos lá e fomos bem recebidos por ele, abraçou meu amigo, seu filho, me cumprimentou e entramos para a sala de sua simples casa.

Conversa vai, conversa vem, quando vi já era tarde, precisávamos ir embora, mas antes de sairmos, aquele homem chamou seu filho dizendo que tinha um presente pra ele. Disse que já era um adolescente, que precisava se virar no mundo e que ele, como pai, queria ajudar. Abriu o guarda roupa e pegou um revólver; me lembro até hoje o calibre, 32. Deu um revólver para seu próprio filho. Saímos de lá empolgados, éramos adolescentes carregando uma arma; era excitante. Só hoje eu percebo a seriedade do que aconteceu naquele dia. Esse meu amigo, de forma quase que profética, virou ladrão e sumiu anos depois, desapareceu da face da terra.

Quando lembro dessas coisas, dou graças a Deus pelo pai e pela mãe que tenho, porque percebo que boa parte dos adolescentes que estão presos hoje, talvez não estariam se tivessem tido bons exemplos a se seguir. Talvez bons exemplos seja a receita pra se quebrar o círculo vicioso em que eles estão envolvidos.

regeneração

Unidade de Iaras. Modulo A.

mais razão, menos emoção
pra quando sair não voltar pra fundação
arrumar um trampo e ficar firmão
com um qualquer no bolso sair da ilusão
eu sei que é difícil e o mundo joga contra
mas deus é meu juiz e a liberdade é uma honra
eu olho para o céu e o tempo tá chuvoso
lembro do passado e enxugo a lágrima do rosto
o barato é louco e a saudade me corrói
cansei de ser o super billy, quero ser super-herói
pra trocar toda lágrima por felicidade
minha família vale mais que o crime e suas grades

**Super Billy é um personagem de uma musica viciado em crack*

jardim da infância atual

CAP. 12

Lindo jardim é o jardim da infância
Aqui as flores ganham o nome de crianças
Coloridas, alegres, com perfume de vida
O orvalho que cai as mantém sempre vivas
Cuidados diários, quem cuida não esquece
Cresce saudável, sob a luz do dia
Regada com amor, a flor agradece
Com pétalas de paz, esperança e alegria
Cada jardim tem seu jeito, seu formato
Cada flor tem sua cor, seu botão e seu talo
Todas da mesma espécie, com suas características
Todas parecidas, mas de perto, exclusivas.
Reagem igual quando regadas no calor
Mas morrem igual quando lhes falta amor
Ficam cinza, sem vida, a folha resseca
Se aproxime com cuidado, pois agora ela espeta
Quem olha julga que essa flor não é bela
Nem consegue imaginar como ela era
Tragando poluição, regadas de ódio
Sem cor, sem vida e sem amor próprio
Nem de longe se parece com o que já foi um dia
Um galho seco, duro e sem nenhuma atração
Ninguém mais chama de criança, a flor decaída
É só mais um menor infrator lançado na fundação...

Flor quando seca deixa de ser flor?

Um minuto de silêncio para pensar **(ou um mês, um ano, uma vida...)**

... Se agarrem na família para mudar a história de vocês, família é o principal, o alicerce, a raiz, se agarrem na família...

"Aí, sinhô, meu pai morreu e minha mãe fugiu".

Silêncio....

realidade surreal

CAP. 13

Você ouve todo tipo de histórias num lugar assim, todo tipo mesmo, a maioria triste. Mas algumas superam qualquer limite e são verdadeiras tragédias, que acabam gerando tragédia atrás de tragédia na vida desses adolescentes. De todas as histórias que ouvi em unidades da Fundação CASA, essa sem dúvida foi a que mais me marcou e me deixou completamente exausto, sem forças e com uma sensação enorme de impotência.

Era o término de uma atividade na unidade de Ribeirão Preto – interior de São Paulo, uma das pedagogas da Unidade me perguntou se eu podia falar em particular com um dos meninos. De pronto respondi que sim e perguntei o motivo. Elas me disseram que ele tinha perdido uma irmã assassinada no sábado anterior e que ele, ouvindo meu depoimento de vida ali, se identificou com a história, já que eu também vivi isso. Fomos para uma sala em particular para conversar.

Perguntei o que tinha acontecido e qual era sua história e ele me disse o seguinte:

"Morava eu, minha mãe, o namorado dela e minha irmã de oito anos. Eu fui roubar uma casa e fui preso, sinhô, aí sábado passado minha mãe e o namorado dela chapou de pedra [crack] e matou minha irmãzinha de oito anos, com três facadas no peito, jogando o corpo em um lote. Minha irmã morreu, minha mãe tá presa e eu não tenho mais nada, ninguém está me esperando e eu tô com muito ódio no meu coração, sinhô...."

Ele parou de falar com a voz embargada pela vontade de chorar. O silêncio na sala ficou ensurdecedor, eu definitivamente não tinha palavras. Nós podemos fazer muita coisa em muitas situações, mas em alguns momentos não há nada que possamos fazer. Existem casos que são exclusividade de Deus, parece que só ele pode tratar aquilo, esse é um caso assim. Orei com ele, senti dor com ele, chorei com ele. Que Deus cuide do coração desse menino, pois não existe mais ninguém na terra que pode fazê-lo.

era tudo ilusão

Unidade de Araçatuba - SP

a ilusão só abala o coração
vou procurar deus pois ele é a salvação
se você tiver pecado ajoelhe e peça perdão
nele encontramos a solução
o crime na direta vem e me chama
trazendo ostentação e mulheres na cama
tento me esquivar pensando em quem me ama
o amor de verdade que me tira da lama
continuo caminhando por este caminho
entre a beleza da flor e a dor dos espinhos
muitos se perderam na ilusão dos corolla
hoje na selva de pedra, de fora a mãe chora
quantas mães choraram vendo seus filhos no chão
atrás da vida louca, o crime é ilusão

fugindo a regra

CAP. 14

Existe todo tipo de gente trabalhando em uma unidade da Fundação CASA, mas alguns fogem à regra. Não deveriam ser chamados de funcionários. O mais adequado era que essas pessoas fossem chamados de missionários, elas enxergam a nobre causa por trás dos muros e entendem o que pode ser feito ali, além de apenas cumprir funções.

Eu sempre peço uma mesa para colocar minhas coisas antes de começar uma atividade e sempre algum dos adolescentes de prontidão se dispõe para pegar pra mim. Certa vez, a mesa que veio estava suja, um pouco empoeirada, e uma das funcionárias, uma dessas missionárias, pediu ao adolescente que limpasse a mesa. Eu, que vivo fora daquela realidade apesar de trabalhar ali o tempo todo, até para me manter sempre simples na conduta ali dentro, disse que não precisava, que estava bom como estava.

Ela me disse assim: *"A gente pede isso pra gerar costumes que eles ainda não tem, deixa ele limpar"* e deu uma piscadinha de olho bem simpática. Mesa limpa, o adolescente se afastou e uma conversa deliciosa surgiu entre eu e essa simpática senhora conhecida como Dona Maria.

Ela me contou como, em pequenos detalhes, ela ensinava os meninos coisas simples da vida, da vida comum, que infelizmente eles não aprenderam. Me disse como ela, com amor e respeito, conseguia atrair os que a princípio não gostavam dela e tinham mais dificuldade de se aproximar. Me contou, orgulhosa, a história de um dos meninos. Ele não gostava dela e dava trabalho nas atividades que ela ministrava, que na época era o curso de panificação. Todos fluíam na sua atividade, menos esse menino. Até que ela ficou sabendo que o menino tinha sérios problemas com a mãe e a avó, que coincidentemente se parecia muito com a dona Maria. *"Tá aí, por isso!"* Disse ela, sempre de forma bem calma.

Depois de receber essa informação, ela mudou a forma de tratar o menino: aumentou a quantia de amor e atenção na receita, chamava ele para ser o ajudante dela na panificação, suportava ele todo truculento a princípio, e na próxima atividade, o chamava de novo como ajudante, até que todas as barreiras foram caindo, uma a uma. O menino se tornou um ótimo padeiro, pegou gosto pela culinária. Feliz, ela me contou que recebeu uma carta do menino e sua mãe, convidando ela para ir almoçar no restaurante que o menino tinha aberto... Dona Maria fez mais do que ensinar a fazer pão. Ela consertou uma vida com a paciência de quem amassa uma massa, coloca fermento e espera crescer.

se deixar,
volta a ser
criança

CAP. 15

Aqui no interior de São Paulo em determinada época do ano, as ruas são invadidas por besouros, enormes besouros. Enchem as ruas, as casas, onde tem um poste de luz encontram-se vários deles. Numa dessas épocas de invasão desses insetos, eu estava no pátio de uma unidade da Fundação CASA em alguma cidade que não lembro agora. Eu esperava os adolescentes estarem prontos para começarmos o trabalho. Sentado no pátio vi um menino na quadra.

Ele estava brincando, normalmente como um menino, amarrou um pedaço de linha a um desses besouros que estavam aos montes pelo chão, e ele brincava, como se o bicho fosse seu carrinho, seu brinquedo, ou quem sabe o seu animal de estimação, independente a que qualidade a mente talentosa da criança levou o besouro, no momento era o que ele tinha para brincar, para se divertir, e se não for pedir muito, para ser feliz.

Fiquei analisando aquele movimento do menino por uns dez minutos, até que me veio a mente o quão complexa era aquela situação. O mesmo menino que estava ali com toda criatividade de uma criança, imaginando, sabe Deus o quê, com aquele besouro, era também um adolescente que estava preso por cometer um crime. Não sei ao certo o que aquele menino em questão fez, mas pode ter sido qualquer coisa. Ele pode ter roubado, pode ter traficado, pode ter matado alguém. E lá estava, cumprindo uma medida como um jovem infrator, um criminoso. E brincava também apenas como um menino.

Fiquei pensando no que este mundo louco tem feito com as crianças. Se tornaram seres prontos para qualquer situação, com uma arma na mão, roubam, matam, assustam. Com um besouro, brincam. Fico imaginando que talvez, se o mundo deixasse, eles voltariam a ser criança.

sofrimento

Unidade de São José do Rio preto - SP

meu dia-a-dia é um espelho que só reflete sofrimento
reflete pouca alegria, muita tristeza e lamento
mas me julgo um guerreiro, por isso vou seguindo
muitas vezes chorando, poucas vezes sorrindo
embora esteja ruim eu sei que pode melhorar
quero estar com minha família bem longe desse lugar
voltar pra minha casa e dizer pra todo mundo
que o sofrimento foi doído, mas que o amor foi mais profundo
mesmo com saudade eu sigo tranquilo
pois creio com certeza na existência de jesus cristo
pra finalizar, vou dar o papo, vou dizer
mesmo no sofrimento deus olha por você.

sem saida

CAP. 16

Bom dia galera, meu nome é Marcelo Biorki, faço parte do grupo Shekinah Rap e, há 3 anos faço um trabalho nas unidades da Fundação CASA do estado de São Paulo e...

Aí sinhô, você já teve aqui em 2012, né?
Sim, estive, você estava por aqui?
Sim, eu tava!
Poxa mano, que triste, você voltou pra cá.
Não sinhor, eu ainda tô aqui desde 2012...

Putz!

Família

Unidade de Batatais - SP

enquanto estamos na nossa correria
poucos lá fora lutam pela nossa alegria
vou te falar do meu dia-a-dia de agonia
trancado aqui dentro lembrando da minha família.
mãe, obrigado pelos seus conselhos
pelo seu carinho e pelo seu respeito
depois de tudo isso, hoje estou arrependido
se tivesse te ouvido não teria me ferido
toda noite quando eu deito na minha cama
lembro do quanto a senhora me ama
mas logo logo a minha liberdade vai chegar
a tristeza que você sente um dia vai acabar.
família, nossa alegria e estrutura
sem ela a vida é triste, a vida é dura.

arma letal

CAP. 17

A arma mais letal que pode ser usada por qualquer adolescente preso passa pela revista sem nem ninguém se dar conta. Toda vez que chego em uma unidade preciso mostrar cada material que irá entrar junto comigo, na hora de sair precisam conferir: tudo que entrou comigo precisa sair comigo. Então é sempre a mesma coisa, eu abro minha bolsa, vou tirando coisa por coisa e um guarda da portaria vai anotando.

Uma caixa de som, confere?
Confere!
Um microfone, confere?
Confere!
Dois cabos, confere?
Confere!
Um pen drive, confere?
Confere!
Ok então, pode entrar.
Mas espera aí, tem também um caderno e um livro também.
Tudo bem, livro a gente não anota, não tem perigo nenhum....

Uma caneta pode ser usada para furar. Um cabo de energia pode ser usado para enforcar. Um microfone pode ser usado para agredir, ferir. E até um simples pen drive pode ser usado para algo ruim, perigoso. Concordo com tudo isso, mas não concordo que um livro não ofereça perigo. Pelo contrário, o livro é a arma mais letal. Um livro é capaz de ampliar a visão do mundo, um livro pode ser usado para armar a mente, pode ser usado para revidar. Revidar contra o sistema que propôs um caminho a se trilhar e fez muitos acreditarem que era o único. Um livro é uma arma letal, perigosíssima, e só pode entrar sem ser notado porque o sistema não acredita que esses meninos um dia terão interesse pela leitura, porque se um dia isso acontecer, talvez livros sejam proibidos em vários lugares do Brasil.

Afinal, é vantagem para quem manipula que os manipulados não pensem. Eu entro todos os dias em unidades prisionais portando uma arma letal e ninguém nem percebe... Mas, por favor, não conte para ninguém (risos).

coração de mãe

CAP. 18

Muitos desses adolescentes, como eu já disse aqui, trazem históricos familiares terríveis e de total desolação. Mas não é regra. Existem adolescentes que possuem famílias, pobres, mas verdadeiras famílias. Eu já pude ver essas famílias na porta de unidades da fundação várias vezes, esperando pra entrar e ver seus meninos. Algumas vezes, mesmo durante a minha atividade com os adolescentes, tinha um adolescente abraçado a uma dessas mulheres. Geralmente são bem parecidas, rosto humilde, roupa simples e expressão sofrida.

Essa, quase sempre, é a personagem que mais sofre nessa história. Quando falo com os adolescentes, eu sempre uso muito essas mulheres de exemplo. Quando um adolescente vai preso, elas também são presas de certo modo, o coração delas passa a estar ali, na Fundação, os pensamentos, os sentimentos, presos a realidade dura da situação. Quando um jovem entra para o mundo do crime ela sofre. O adolescente sofre apenas quando a casa cai, mas ela não, ela sofre desde o início dessa caminhada. Sempre que as uso de exemplo, os adolescentes ficam de cabeça baixa, pensativos. Essa é uma tristeza boa, uma tristeza que vem da reflexão, tristeza que traz arrependimento.

De todos os motivos que se tem pra ficar triste estando ali, este é o mais digno. Sempre que acabo minha palestra canto uma música, de minha autoria, e ela sempre mexe muito com os adolescentes, porque retrata exatamente essa realidade, de filhos que se perdem e o sofrimento dessa outra personagem da história. A Mãe. Em um lugar como a cadeia ou a Fundação CASA, não existe o costume de chorar. O choro pode parecer fraqueza, medo, fragilidade. Pode parecer, mas não é. Quando termino de cantar essa música, já vi muito adolescente não se controlar e começar a chorar, ali mesmo na frente dos parceiros. Um choro às vezes tímido, às vezes desesperado, que saiu em meio a todo esforço para manter secreto. Certa vez um adolescente explodiu em lágrimas, de forma muito intensa, e eu ainda nem havia terminado a música. Outro adolescente que estava ao lado abraçou ele e deu suporte. Todos ficaram olhando, alguns com cara de quem também queria chorar, outros condenando a atitude daquele menino. Como se chorar fosse vergonha. Vergonha é estar ali por ter errado, e não chorar. Vergonha é fazer a mãe sofrer e não chorar por isso. Vergonha é não se arrepender dos erros cometidos mesmo quando se está amargando as consequências disso numa prisão... A lágrima não é vergonha.

Vou deixar registrada a música que relatei acima. Você não imagina as histórias que eu já ouvi sobre o que essa canção causou e os feitos que ela conseguiu pelo Brasil afora. Sem tocar nas rádios, sem estourar nas paradas, mas tocando em corações, em almas, e sempre em movimento, nunca parada. O rap é a poesia acessível, é a literatura para quem não aprendeu a ler, mas ouve, se identifica, entende.

O Choro De uma Mãe
É triste ver satanás levando os manos pro engano
Resumindo a vida de mães em lamento e pranto
Mães que tiveram suas crianças transformadas
Caíram na cilada, acreditaram em contos de fada
Famílias, sem estrutura, o amor em extinção
O crime se apresenta como a melhor solução
Maquiado de dinheiro fácil, seduz na moral
Só que a vida fácil anda de mãos dadas com o mal

E quando a casa cai, a realidade fica feia
Perde o reinado, por alguns anos de cadeia
Vítimas de um plano traçado direto do inferno
Por um demônio sem chifre, mas de gravata de terno

Que assina a condenação e joga na prisão
Cela pra dez tem cinquenta irmão, super lotação
Putrificação do ser humano, atrás das grades
O sistema do inferno é sujo e covarde

Destrói a vida de um detento a passos lentos
Mergulha a família em um mar de tormentos
Quase mata a mãe do coração pela televisão
O destaque do jornal é mais uma rebelião
Com o coração na mão, de joelhos no chão
Pede pro poderoso Deus proteção, salvação
Deus inclina os ouvidos e escuta a oração
Enxuga as lágrimas da mãe conforta o seu coração

"O choro de uma mãe chega aos ouvidos de Deus"

Eu tenho treze de idade, tô com o cachimbo na mão
É só acender puxar e chapar com os irmãos
Mas antes paro, tenho um momento de reflexão
Penso na minha mãe e o tamanho da desilusão

Já era tarde demais pra bancar o bom filho
Tenho que provar que eu sou um homem, não um menino
Os manos tão me olhando, esperando o cachimbo
Eu puxo forte pra mente e sinto uns barato esquisito

Como se minha mente fosse tomada de assalto
Acelera o coração, perco a noção, falo alto
Lembro da figura da minha mãe e dou risada
Que ainda deve estar em casa me esperando preocupada

E acaba de perder seu filho pro submundo das drogas
Que na maioria das vezes é um caminho sem volta
Mas a mãe não desiste, sabe onde pôr sua fé
A vitória de Jesus lhe mantem de pé

Corre atrás, não desiste pra salvar o seu filho
Se humilha e corre perigo atrás do seu menino
Vendeu tudo que tinha pra pagar divida de pedra
Pra não ter que achar seu filho com um tiro na testa

Com o coração na mão, de joelhos no chão
Pede pro poderoso Deus libertação, salvação
Deus inclina os ouvidos escuta a oração
Enxuga as lágrimas da mãe e consola o seu coração.

"O choro de uma mãe, chega aos ouvidos de Deus."

Choro, tristeza, lembranças e um vazio
É tudo que restou junto ao retrato frio
Que fica lá, pendurado na parede da sala
Pra amenizar, a falta que faz em toda casa

A mãe ainda lembra de quando era só um pivete
Que pedia dinheiro pra comprar bala e chiclete
Mas o pivete cresceu, sua ambição também
As suas últimas palavras a mãe lembra bem
Mãe não se preocupe, está tudo sobre controle

A vida é assim mesmo, nem sempre um jardim de flores
Seu filho não se formou, como você queria

Mas na área eu sou doutor, sou o rei da cocaína

Os boy quer, e eu tenho, eles paga e eu vendo
Vem com o dinheiro do pai que eu injeto o veneno
Pode ser que amanhã as coisas fiquem diferente
Mas a vida é um jogo e hoje eu tô na frente

Dois anos de luto, a mãe pura tristeza
Um dia andando pelas ruas olha e vê uma igreja
Vinde a mim todos os cansados e oprimidos
O pastor dizia as palavras de Jesus Cristo

Com o coração na mão, de joelhos no chão
Pede pro poderoso Deus, libertação, salvação
Deus inclina os ouvidos escuta a oração
Enxuga as lágrimas da mãe e segura o seu coração.

"O choro de uma mãe chega aos ouvidos de Deus."

a falsa libedade

CAP. 19

Ao longo da leitura você conheceu um pouco disso tudo nas palavras dos próprios adolescentes citados, poemas feitos por eles durante as nossas atividades juntos.

São muitos e aqui não coloquei todos, pois o livro ficaria enorme, afinal, são três anos de projeto. Selecionei apenas alguns para que você pudesse ler o resultado disso tudo nas palavras deles mesmos, os próprios adolescentes, tema desta obra. É engraçado como fui percebendo, ao selecionar esses poemas, como você também deve ter notado, o assunto na maioria das vezes é o mesmo, LIBERDADE.

Claro que há outros temas, como família, saudade, injustiça etc. Mas no fim das contas, ao ler os poemas, a temática visitada girava sempre em torno dela, a tão sonhada liberdade. Sempre, antes de começarmos um poema, eu explicava para eles a importância de enriquecer o assunto ao máximo, que liberdade não era apenas estar do lado de lá dos muros, e dava exemplos de situações onde as pessoas estão presas, apesar de estarem do lado de fora de um presídio. Dava sempre o exemplo de um viciado em crack, livre, solto nas ruas, mas preso a um vício destruidor que de tabela faz todos ao seu redor reféns do mesmo problema.

Eles entendiam ali na hora, mas continuavam a enxergar a liberdade como simplesmente sair dali. Por mais que o tema dos poemas fosse liberdade, na maioria das vezes o assunto do poema se resumia apenas na prisão, o tema liberdade deles não conseguia sequer saltar os muros, e isso apontava para um problema sério: o fato de que eles não conseguiam projetar sua própria liberdade. Por mais que pensassem muito nela e sonhassem com o dia em que ela chegaria, os pensamentos eram muito vagos. Eu tentei mostrar isso para eles por diversas vezes, explicando que o fato de escolher o tema liberdade e só conseguir falar da prisão mostrava que aqueles muros estavam limitando eles, e que a pior prisão estava do lado de dentro deles, a prisão da mente, dos pensamentos, dos sonhos.

Em 2014 eu fiz a última maratona de visitas antes de finalizar este livro. No mês de janeiro de 2014 eu dei meu testemunho de vida e cantei 38 vezes a música "O choro de uma mãe". Em aproximadamente três semanas visitei 22 unidades da Fundação CASA no estado de São Paulo, em 9 cidades diferentes. Falei para cerca de 2.500 adolescentes.

Em todas essas vezes, eu vi algo mágico acontecer. Em meio à toda tensão e peso do ambiente, vi adolescentes terem um breve momento de reflexão e arrependimento.

Esse era o alvo a ser atingido. Meus olhos viram tudo, tenho tudo guardado em minha mente com toda riqueza de detalhes. Talvez eu não tenha sido um tão bom escritor a ponto de conseguir transmitir a real dimensão disso tudo, creio que eu não conseguiria fazer isso por melhor que fosse minha escrita, mas o importante é que tudo aqui relatado aconteceu e ainda acontece. Adolescentes que estão presos, que sonham diariamente com a liberdade, mas que na verdade nem a conhecem de fato. Na maioria das vezes, são incapazes até mesmo de visualizá-la, como se sonhasse com o desconhecido, e a falta de visão dessa liberdade é o que faz deles presos perpetuos, seja dentro ou fora de uma unidade prisional. Quando falo de liberdade com eles, deixo o tema correr livre, e ir bem além do que os muros limitam. Liberdade de vida, mais do que ir e vir. Liberdade como um estado de espírito.

Liberdade que faz eles saírem dali e nunca mais voltarem. Liberdade que dá ao cidadão as chaves de suas algemas e faz de sua própria conduta o seu carcereiro. Liberdade de todo tipo de prisão, não apenas física.

A liberdade não apenas de poder escolher, mas principalmente de saber escolher e fazer escolhas que preservem a total liberdade do ser. Os que entenderam a essência da mensagem se libertaram, ali mesmo atrás dos muros. Já são livres.

liberdade

Unidade de Araraquara - SP

saudades do mundão, liberdade pros irmão
penso na família e até dói o coração
escute o que eu te falo, preste atenção
pra quando sair daqui não cair na ilusão
a vida é sofrida, por isso eu to na pista
pra vencer essa batalha e ganhar essa conquista
quando tava na rua, não ligava pra nada
agora tô aqui vou enfrentar essa parada
quero sair daqui pra nunca mais voltar
com o meu suor minhas coisas conquistar
na direta eu me pergunto, onde eu vim parar?
mas com fé em deus pro mundão eu vou voltar
a liberdade vai cantar, a liberdade já cantou
de tanto pedir pra deus e orar pro senhor

o livro
acaba, a missão
continua

CAP. 20

Eu resolvi terminar este livro por aqui não por não ter mais o que contar, muito pelo contrário, eu escreveria sobre isso uma vida inteira. Daqui dez anos, se você me encontrar na rua e me perguntar, eu ainda terei histórias desse tipo, fresquinhas, recém acontecidas para te contar. Mas o que eu espero com esta obra creio que já alcancei com essas páginas.

A minha intenção não era fazer você ter pena desses adolescentes, eu sei que cada pessoa vai fazer sua própria leitura sobre o problema, e isso é bom. A ideia aqui era dar a você um conhecimento de causa, para que a partir daí cada um faça sua leitura e conclusão sobre esse tema. São inúmeros os motivos para alguém não se preocupar com estes adolescentes e deixá-los esquecidos atrás daqueles muros; já ouvi vários. Realmente são mais motivos para esse tipo de atitude do que para uma atitude contrária.

Talvez, se eu fosse argumentar o porquê desenvolvo este trabalho, porquê insistir com esses adolescentes, porquê investir tempo na causa e na vida deles, eu diria apenas um motivo... Deus ama aqueles garotos! Assim como ama este cara que vos escreve, assim como ama você que lê este livro. Se Deus, que é Deus, escolhe amar a todos, sem rotular tipos de pessoas, quem sou eu para excluir alguém? Exemplo ruim esses meninos já tiveram a vida toda, agora eles precisam de referências, para que possam conseguir deslumbrar ainda, que à distância, uma luz na escuridão de suas vidas.

queria poder voar.

Unidade de Marilia - SP

hoje eu vi um pássaro, queria voar junto
mas ainda não posso, tô aqui atrás dos muros
a saudade é cruel, mas eu tenho que ser forte
melhor estar aqui dentro do que enfrentar a morte

tô preso de corpo, mas de pensamento não
na verdade os pensamentos tão na família e no mundão
sábado na visita, minha mãe vem me visitar
queria ir com ela e voltar para o meu lar

uns querem me atrasar, outros me humilhar
mas meu deus é fortaleza e não vai me desamparar
termino por aqui, pensando em sair

vou me regenerar e nunca mais voltar aqui
a liberdade chega, a liberdade canta
e só você ter fé e muita esperança

"Se importe com as pessoas ao seu redor. Amar dessa forma te faz mais parecido com Deus".

Marcelo Biorki do Espirito Santo.

Sabotage
UM BOM LUGAR
Biografia oficial de
Mauro Mateus dos Santos
Toni C.
NELSON TRIUNFO
DO SERTÃO AO HIP-HOP
GILBERTO YOSHINAGA
#Poucas Palavras
@RENAN_INQUERITO
LiteraRUA
Criamos
Tecnologia
Marginal
Um Sonho de
2ª Edição
"...Porque sonhar não paga imposto!"
"O Hip-Hop Está Morto!"
A História do Hip-Hop no Brasil
2ª edição
Toni C.
Prefácio
DEXTER
Capítulo Inédito:
O Funk Matou o Rap!
LiteraRUA
Nelson Triunfo do S...
Sabotage - Um Bo...
Baixe agora APP Grátis
facebook/LiteraRUA
Twitter/@literaRUA_
App Store
Google play